ACTEURS CHANTANTS.
DANS LES CHŒURS.

Côté du Roi.		Côté de la Reine.	
Mesdemoiselles.	Messieurs.	Mesdemoiselles.	Messieurs.
d'Hautrive.	Héri.	du Puis.	l'Écuyer.
Garrus.	Cailteau.	Floquet.	Albert.
de Laurette.	Van-Hecke.	Hebert.	Tourcati.
Durand.	Vatelin.	d'Agée.	Pâris.
	Larlat.		Ghuiot.
Fontenet.	Lagier.	des Rosieres.	Capoi.
l'Etienne.	Martin.	Jouette.	Larssure.
Renard.	Dessart.	de l'Or.	Marnielle.
Girardin.	Méon.	Chenais.	Boi.
	Cleret.		Laurent.
Veron.	Beghaim.	Denis, l.	Huet.
le Queulx.	Tacusset.	Rouxelin.	Parant, c.
le Fevre.	Baillion.	de Merei.	Itasse.
	Royer.		Jalaguier.
la Guerre.	Cazal.	Quinson.	Jouve.
Thibault.	de Lori.	S. Julien.	Noelle.
Héri.	Clairembeault.		Gouzet.

A ij

ACTEURS
DE LA TRAGÉDIE.

POLLUX,	M. Gélin.
CASTOR,	M. le Gros.
TELAÏRE,	Mlle Arnould.
PHÉBÉ,	Mlle du Plant.
JUPITER,	M. Durand.
MERCURE,	M. Muguet.
CLÉONE, *Confidente de* PHÉBÉ,	Mlle Durancy.
LE GRAND-PRÊTRE *de* JUPITER,	M. Beauvalet.
Un SPARTIATE,	M. Caffaignade.
Une VOIX,	M. Muguet.
Une autre VOIX,	M. Durand.
Un ATHLETE,	M. Muguet.
Une SUIVANTE d'HÉBÉ,	Mlle Beaumefnil.
Une OMBRE HEUREUSE,	Mlle Beaumefnil.

SPARTIATES.
GUERRIERS combattants.
PLAISIRS CELESTES.
PUISSANCES MAGIQUES.
DÉMONS.
OMBRES HEUREUSES.
PEUPLES.

CASTOR ET POLLUX,

TRAGÉDIE,

REPRÉSENTÉE, POUR LA PREMIERE FOIS,

PAR L'ACADÉMIE-ROYALE DE MUSIQUE,

Le 24 Octobre 1737,

Reprise le 8 Janvier 1754, le Mardi 24 Janvier 1764,

Et remise au Théâtre

Le Mardi 21 Janvier 1772.

PRIX XXX. SOLS.

AUX DÉPENS DE L'ACADÉMIE.

A PARIS, Chés DE LORMEL, Imprimeur de ladite Académie, rue du Foin, à l'Image Sainte Genevieve.

On trouvera des Exemplaires du Poeme à la Salle de l'Opera.

M. DCC. LXXII.

AVEC APPROBATION ET PRIVILEGE DU ROI.

Le Poeme est de M. BERNARD.

La Musique est de RAMEAU.

PERSONNAGES DANSANTS
DE LA TRAGÉDIE.
ACTE PREMIER.
SPARTIATES.

M. Simonin, Mlle d'Ervieux.

Mlle Peslin.

M^{rs}. Trupti, Duchaisne, Huart, Aubri, James, le Roi, 1, Desbordes, Baux.

Mlles Rosé, Martin, le Houx, Jonveau, Piccini, Stéphanie, Murès, Montauban.

ACTE SECOND.
LUTTEURS.

M. d'Auberval, M. Rogier.

Mrs Beaulieu, Gallet, James, Henri, Duchaisne, Rivet, Dumont, Huart.

Mrs Leger, Granier, Abraham, le Fevre, le Roi, 1., Hennequin, 1., Guillet, Simonet.

GUERRIER.
M. GARDEL.

SPARTIATES.
Mlle ALLARD.

M^{rs}. Trupti, Duchaisne, Huart, Aubri, James, le Roi, l., Desbordes, Baux.

Mlles Rosé, Martin, le Houx, Jonveau, Piccini, Stéphanie, Murès, Montauban.

ACTE TROISIÈME.
SUITE D'HÉBÉ.
Mlle GUIMARD.

M^{rs}. Leger, Granier, le Fevre, Abraham, Hennequin, l., Guillet, le Doux, Cafter, Hennequin, c., Doffion, le Roi, Simonet.

Mlles la Fond, des Forges, le Clerc, de l'Orme, Thevenet, d'Auvilliers, Lallin, le Bel, Gertrude, Adrienne, Henriette, Dumont.

ACTE QUATRIÈME.

Premier divertissement.

DÉMONS.

M^{rs} D'AUBERVAL, ROGIER, ASSELIN.

M^{rs}. James, Henri, Duchaisne, Rivet, du Mont, Huart, la Rue, Simonet.

FURIES.

Mlles ALLARD, ASSELIN, MALTER.

Second divertissement.

OMBRES HEUREUSES.

M. VESTRIS, Mlle GUIMARD.

M. SIMONIN, Mlle. D'ERVIEUX.

Mrs Beaulieu, Gallet, Dubois, Caster, Hennequin, c., Leger, Granier, le Fevre, Abraham, Hennequin, l., Guillet, Giguet.

Mlles Gaudot, Grandi, Blondeval, d'Elfevre, David, de Miré, la Fond, Desforges, le Clerc, Thevenet, de l'Orme, d'Auvilliers.

Mrs Nivelon, Henri, Goyon, Montgaultier, Clergé, Debret, Monq., Petit.

Mlles Joli, d'Orival, Bouscarel, Adelaide, Perole, Sophie, Coulon, Duparc.

ACTE CINQUIÈME.

GÉNIES qui président aux Constellations.

M. Vestris.

Mlle Asselin.

Mrs Despreaux, Rogier, Leger.

Mlles Pitrot, Compain, Hidou.

LES HEURES.

Mlles Gaudot, Grandi, Blondeval, Delfevre, David, Martin, Rozé, Jonveau, Lehou, de Miré, l'Escaut, Mercier,

CONSTELLATIONS.

Mrs Beaulieu, Guillet, Doffion, du Bois, Hennequin, c., Cafter, Leger, Granier, Giguet, Lieffe, Hennequin, l., Martinet.

CASTOR

CASTOR ET POLLUX, TRAGEDIE.

ACTE PREMIER.

Le théâtre représente une partie intérieure du Palais des Rois de Sparte.

SCÈNE PREMIERE.

PHEBÉ, CLÉONE.

CLÉONE.

L'HIMEN couronne votre sœur,
Pollux épouse Télaire;

B

Ce pompeux apareil annonce son bonheur ;
Mais j'entends Phebé qui soûpire.

PHEBÉ.

Mon cœur n'est point jaloux d'un sort si glorieux ;
Une autre voix s'y fait entendre :
Ah, que n'est-il ambitieux !
Peut-être seroit-il moins tendre.

Filles du dieu du Jour, par quels présents divers
Le ciel marqua notre partage !
Je reçus le pouvoir d'évoquer les enfers ;
Que Télaïre obtint un plus doux avantage !
Elle commande aux cœurs, où mon art ne peut rien ;
Un coup d'œil lui rend tout possible ;
Je ne fais qu'étonner ce qu'elle rend sensible :
Que son pouvoir est au-dessus du mien !

Que l'univers la trouve belle,
Je le pardonne à ses appas ;
Mais que l'ingrat Castor m'abandonne pour elle,
Voilà ce que mon cœur ne lui pardonne pas.

CLÉONE.

L'himen du Roi, qui va rompre leur chaîne,
Doit vous rendre l'espoir de fixer votre amant.

TRAGÉDIE.

PHEBÉ.

Elle aura ſes regrets, je n'aurai que la peine
    D'eſperer encor vainement....
Et ſi le Roi cedoit aux larmes de ſon frere
    L'objet qui cauſé ſon tourment ?
Tu vois ce que je crains ; voici ce que j'eſpere :
    Cléone, en ce moment fatal,
    Pour venger ma flâme offenſée,
    Je leur garde un autre rival,
Et je puis diſpôſer des fureurs de Lincée.
Son amour, qu'on outrage, eſt tout près d'éclater ;
Il veut de ce palais enlever Télaïre...
Je la vois : ſon triomphe augmente mon martire ;
    Songeons à l'éviter.

(Elle ſort.)

SCÈNE II.

TÉLAÏRE, *seule*.

Éclatés, mes justes regrets ;
Dans un moment, hélas ! il faudra vous contraindre :
    Le ciel m'ôtera déformais
    Jusqu'à la douceur de me plaindre.

La gloire unit envain tout ce qu'elle a d'attraits
Pour un dieu, qui m'adore, & me force à le craindre ;
    L'Amour a lancé d'autres traits :
Ces honneurs, que je fuis, ne font voir que l'excès
    D'un feu, que je ne puis éteindre.

    Éclatés, mes justes regrets ;
    Le ciel m'ôtera déformais
    Jusqu'à la douceur de me plaindre.

SCÈNE III.

TÉLAÏRE, CASTOR.

CASTOR.

AH ! je mourrai content, je revois vos appas.

TÉLAÏRE.

Prince, ôsés-vous encor me parler de tendresse ?

CASTOR.

On permet nos adieux.

TÉLAÏRE.

     Eh ! ne deviés-vous pas
Les épargner à ma foiblesse ?

CASTOR.

Quand j'ai, pour cet adieu, l'aveu de votre époux,
 Quand vous m'allés être ravie ;
 Cruelle ! me reprochés-vous
 Le dernier plaisir de ma vie ?

Mon frere a vu mes pleurs, &, loin de les cacher,
    J'ai laiſſé voir toute ma flâme:
La pitié lui parloit, & ſembloit le toucher;
Mais l'amour, plus puiſſant, l'écartoit de ſon âme.
Achevés ſon bonheur; je quitterai ces lieux,
Sans me plaindre de vous, ſans accuſer mon frere:
    Ai-je à me plaindre que des dieux?

TÉLAÏRE.

Vous partés!

CASTOR.

              Je m'impôſe un exil néceſſaire.

    Dans ces yeux, maîtres de mon ſort,
    Si j'ai trouvé cent fois la vie;
    Quand l'eſperance m'eſt ravie,
    J'y trouverois cent fois la mort.

TÉLAÏRE.

Et le Roi permettra cette fuite inhumaine!
    Non, ſon cœur eſt trop génereux.

CASTOR.

En fefant fon bonheur, elle adoucit ma peine :
Vous me plaignés, il m'aime, & je pars trop heureux.

(POLLUX, *qui les obfervoit, paroît en ce moment.*)

SCÈNE IV.

POLLUX, TÉLAÏRE, CASTOR.

POLLUX.

Non, demeure Castor ; c'est moi qui te l'or-
donne :
L'amour & l'amitié t'en imposent la loi.
Calme l'inquiétude où ton cœur s'abandonne :
    Pour te retenir près de moi,
    La main qu'on devoit à ma foi
    Est la chaîne que je te donne.

(*Il prend la main de* TELAIRE, *& l'unit à celle de* CASTOR.)

CASTOR.

O bonté, que j'adore !

TELAÏRE.

        O grandeur, qui m'étonne !

POLLUX.

Je connois tout ce que je perds ;

                Castor

Castor à mon amour rendra cette justice :
Il pourra mieux juger du prix du sacrifice :
    Par les tourments qu'il a soufferts.

(*La Suite du* Roi *& le peuple entrent sur la scêne.*)

SCÊNE V.
POLLUX, TÉLAÏRE, CASTOR, SPARTIATES.

POLLUX, *au peuple.*

CES apprêts m'étoient destinés,
  J'en fesois mon bonheur suprême ;
  Que leurs fronts soient couronnés
De ces fleurs, qui devoient parer mon diadême :
    Des deux objets que j'aime,
  Je fais deux amants fortunés.

CHŒUR de SPARTIATES.

  Chantons l'éclatante victoire
  D'un héros, qui dompte l'amour ;
Si la vertu triomphe en ce beau jour,
  L'amour ne perd rien de sa gloire.
                    (*On danse.*)

CASTOR.

Quel bonheur règne dans mon âme !
Amour, as-tu jamais
Lancé de si beaux traits ?
Des mains de l'amitié tu couronnes ma flâme :
Amour, as-tu jamais
Lancé de si beaux traits ?

(*On danse.*)

(*La fête est interrompue par un bruit tumultueux.*)

SCÈNE VI.

UN SPARTIATE & *les* ACTEURS *de la scène précédente.*

UN SPARTIATE.

Quittés ces jeux, courés aux armes ;
Lincée attaque ce palais :
La jalouse Phébé semble guider ses traits.

LE CHŒUR.

Courons aux armes.

TRAGÉDIE.

CASTOR & POLLUX, *en se séparant pour aller combattre aux deux côtés du théâtre, où l'on entend le bruit des attaques.*

Allons dissiper ces allarmes ;
Aux armes.

TÉLAÏRE, à CASTOR.

Arrêtés, Castor, arrêtés !

Les différents CHŒURS, *derrière le théâtre.*

Combattons, attaquons : attaqués, combattés.

Une VOIX seule.

Enlevons Télaïre.

TÉLAÏRE.

Ah ! quelle fureur les inspire.

CHŒUR, *derrière le théâtre.*

Combattons, &c.

(*Après un grand bruit de guerre,* LINCÉE *force l'entrée du palais & paroît à la tête des siens.* CASTOR, *qui étoit sorti du théâtre, rentre pour le combattre ; il est repoussé & tombe, dans la coulisse, sous les coups de* LINCÉE ; *pendant le combat,* TÉLAÏRE, *qui veut se jetter dans la mêlée, est retenue par ses femmes. Il se fait alors un profond silence.*)

UNE *VOIX.*

Castor, hélas! Castor est tombé sous ses coups!

CHŒUR des SPARTIATES.

O perte irréparable!
O malheur effroyable!

TÉLAÏRE, *tombant dans les mains de ses suivantes.*

Je me meurs.

LE CHŒUR.

Pollux, vengés-nous.

(*Le bruit de guerre recommence.* LINCÉE *reparoît & traverse la scène, pour enlever* TÉLAÏRE, *qu'il entraîne hors du théâtre.* POLLUX *vole à sa rencontre, dégage la princesse, & attaque son ennemi. La troupe de* CASTOR *se rallie à celle de* POLLUX, *qui combat* LINCÉE, *le poursuit & le fait tomber sous ses coups.*)

FIN DU PREMIER ACTE.

ACTE SECOND.

Le Théâtre représente le lieu de la sépulture des rois de Sparte ; au milieu duquel est élevé un tombeau militaire pour les funérailles de CASTOR : il est éclairé de lampes sépulcrales ; le reste est une forêt sombre, plantée de palmiers & de ciprès, où se rassemble le peuple de Sparte. Le commencement de l'acte se passe dans la nuit.

SCÈNE PREMIÈRE.

CHŒUR des SPARTIATES *qui arrivent au tombeau avec toutes les marques d'un grand deuil, les armes renversées & garnies de crêpes.*

Que tout gémisse,
Que tout s'unisse :

Préparons, élevons d'éternels monuments
Au plus mallheureux des amants :
Que jamais notre amour, ni son nom ne périsse.
Que tout gémisse.

SCENE II.

TÉLAÏRE, *dans le plus grand deuil, vient se jetter au pié du mausolée.*

Tristes apprêts, pâles flambeaux,
Jour, plus affreux que les ténebres,
Astres lugubres des tombeaux,
Non, je ne verrai plus que vos clartés funebres.

Toi, qui vois mon cœur éperdu,
Pere du jour, o Soleil ! o mon pere !
Je ne veux plus d'un bien, que Castor a perdu,
Et je renonce à ta lumière.

Tristes apprêts, pâles flambeaux,
Jour, plus affreux que les ténebres,
Astres lugubres des tombeaux,
Non, je ne verrai plus que vos clartés funebres.

(PHEBÉ *paroît.*)

SCÈNE III.

PHEBÉ, TÉLAÏRE.

TÉLAÏRE.

Cruëlle, en quels lieux venés-vous ?
Ofés-vous infulter encore
Aux mânes d'un héros qui périt par vos coups ?

PHEBÉ.

Laiffe à l'amour, qui me dévore,
Le foin de me punir d'un crime, que j'abhorre :
Il m'en dit plus que ton couroux.

Tu pleures l'amant le plus tendre ;
Mais de nous deux encor fon deftin peut dépendre ;
D'un mot tu peux le rendre au jour.

TÉLAÏRE.

Ordonnés : que faut-il ?

PHEBÉ.

Immoler ton amour,
Et mon art forcera l'enfer à nous le rendre.

TÉLAÏRE.

Oui, je m'en impôfe la loi,
Qu'il vive, que pour lui votre ardeur fe fignale.

PHEBÉ.

Tu le veux.

TÉLAÏRE.

Hâtés-vous; je cede à ma rivale
L'amour dont il brûla pour moi.

(*On entend une fimphonie guerrière & des chants de victoire.*)

LE CHŒUR, *derrière le théâtre.*

Triomphe, vengeance.

TÉLAÏRE.

C'eft le Roi vainqueur qui s'avance.

PHEBÉ.

Il a vengé nos maux, il faut les réparer.

(*Elle fort.*)

(*Le jour commence à paroître, & découvre les différents monuments qui font fur la fcêne.*)

SCÊNE

SCÈNE IV.

POLLUX, TÉLAÏRE, *Troupe de* SPARTIATES, *d'*ATHLETES *& de* COMBATTANTS, *portant des trophées & les dépouilles des ennemis.*

POLLUX, aux Peuples.

Peuples, cessés de soûpirer.
Non, ce n'est plus des pleurs que ces mânes demandent ;
 C'est du sang qu'ils attendent,
Et ce sang fatal a coulé :
 Lincée est immolé.

Tous les Chœurs.

 Que l'enfer applaudisse
 A de nouveaux concerts :
Qu'une ombre plaintive en jouïsse.
Le cri de la vengeance est le chant des enfers.

POLLUX, à TÉLAÏRE.

Princesse, une telle victoire
Doit adoucir pour vous l'horreur de ce séjour.

TÉLAÏRE.

La vengeance flatte la gloire ;
Mais ne console pas l'amour.

Prince, un rayon d'espoir à mes yeux se présente :
Le pouvoir de Phebé peut remplir notre attente
    Et ravir Castor aux enfers.

POLLUX.

Non, c'est en vain qu'elle le tente,
Et c'est encore à moi de réunir vos fers.

Aux piés de Jupiter j'irai me faire entendre :
    Le dieu qui me donna le jour,
      A mon frere peut le rendre.
Aux larmes de son fils quelle marque plus tendre
    Peut-il donner de son amour ?

TÉLAÏRE.

Ah, prince ! ôsés tout entreprendre ;
Montrés qu'aux Immortels votre sort est lié :
Jupiter, dans les cieux, est le dieu du tonnerre,
    Et Pollux sur la terre,
  Sera le dieu de l'amitié.

TRAGÉDIE.

D'un frere infortuné reſſuſciter la cendre,
L'arracher au tombeau, m'empêcher d'y deſcendre,
Triompher de vos feux, des ſiens être l'appui,
   Le rendre au jour, à ce qu'il aime,
   C'eſt montrer à Jupiter-même
   Que vous êtes digne de lui.

POLLUX, aux Peuples.

Reprenés vos chants de victoire,
Que mon triomphe embelliſſe ces lieux :
Occupés Télaire & charmés ſes beaux yeux
   Par le ſpectacle de ma gloire.
                    (*Il ſort.*)

(*La ſcène devient plus éclairée, les tombeaux ſont couverts de trophées & des dépouilles des ennemis. Marche des combattants. Entrée & combats figurés d'* ATHLETES *& de* GLADIATEURS.)

Un ATHLETE.

Éclatés, fières trompettes ;
Faites briller dans ces retraites
   La gloire de nos héros.

   Par des chants de victoire,
   Troublons le repos

CASTOR ET POLLUX,

Des échos.
Qu'ils ne chantent plus que la gloire.

(*Des femmes* SPARTIATES *se mêlent à la fête des guerriers, couronnent les vainqueurs & forment un divertissement de réjouissance pour célébrer la victoire de* POLLUX.)

FIN DU SECOND ACTE.

ACTE TROISIEME,

Le théâtre repréſente le veſtibule du Temple de JUPITER, où POLLUX doit faire un ſacrifice.

SCÈNE PREMIÉRE.
POLLUX, ſeul.

PRÉSENT des dieux, doux charme des humains,
O divine amitié ! viens pénétrer nos âmes :
   Les cœurs, éclairés de tes flâmes,
Avec des plaiſirs purs, n'ont que des jours ſereins.
C'eſt dans tes nœuds charmants que tout eſt jouïſ-
   ſance ;
Le tems ajoûte encore un luſtre à ta beauté :
   L'amour te laîſſe la conſtance ;
   Et tu ferois la volupté,
   Si l'homme avoit ſon innocence.

Présent des dieux, doux charme des humains,
O divine amitié ! viens pénétrer nos âmes :
   Les cœurs, éclairés de tes flâmes,
Avec des plaisirs purs, n'ont que des jours sereins.

(*Le temple s'ouvre, & les* PRÊTRES *en sortent.*)

Mais le temple est ouvert, le Grand-Prêtre s'avance.

SCÈNE II.

POLLUX, LE GRAND-PRÊTRE
de JUPITER, PEUPLES & Suite
du GRAND-PRÊTRE.

LE GRAND-PRÊTRE.

Le souverain des dieux
Va paroître en ces lieux,
Dans tout l'éclat de sa puissance :
Tremblés, redoutés sa présence !
Fuyés, mortels curieux.

Ce n'est que par les feux & la voix du tonnerre
Qu'il s'annonce à la terre :
Et l'aspect redouté de son front glorieux,
N'est vu que par les dieux.

Qu'au seul nom de ce dieu suprême
De respect & d'effroi tous les cœurs soient glacés ;
Fuyés & frémissés :
Fuyons & frémissons nous-même.

32 CASTOR ET POLLUX,

CHŒUR DE *PRÊTRES.*

Fuyons & frémiſſons nous-même.

(*Le théâtre change* : JUPITER *paroît dans ſon palais, aſſis ſur un trône & environné de toute ſa gloire.*)

SCÈNE

SCÈNE III.

JUPITER, POLLUX.

POLLUX aux piés de JUPITER.

MA voix, puiſſant maître du monde,
S'éleve en tremblant juſqu'à toi :
D'un ſeul de tes regards diſſipe mon effroi,
Et calme ma douleur profonde.

O mon pere, écoute mes vœux.

L'immortalité, qui m'enchaîne,
Pour ton fils déſormais n'eſt qu'un ſuplice affreux.
Caſtor n'eſt plus, & ma vengeance eſt vaine,
Si ta voix ſouveraine
Ne lui rend des jours plus heureux.

O mon pere, écoute mes vœux.

JUPITER.

Que ſon retour, mon fils, auroit pour moi de charmes !
Qu'il me ſeroit doux d'y penſer !

Mais l'enfer a des loix que je ne puis forcer ;
Et le fort me deffend de répondre à tes larmes.

POLLUX.

Ah ! laiffe-moi percer jufques aux fombres bords.
J'ouvrirai fous mes pas les antres de la terre :
J'irai braver Pluton, j'irai chercher les morts
    A la lüeur de ton tonnerre ;
J'enchaînerai Cerbere ; &, plus digne des cieux,
Je reverrai Caftor & mon pere & les dieux.

JUPITER.

J'ai voulu te cacher le fort qui te menace.
D'un frere infortuné tu peux brifer les fers,
    Si tu defcends dans les enfers ;
Mais il eft ordonné, pour prix de ton audace,
    Que tu prennes fa place.

    Tes jours éternels, tes beaux jours
    Sont trop dignes d'envie.

POLLUX.

Non, je ne puis fouffrir la vie,
Si Caftor avec moi n'en partage le cours.
Je reverrai mon frere, il verra Télaïre :
Il eft aimé, c'eft à lui d'être heureux.

Chaque instant, qu'ici je respire,
Est un bien, que j'enleve à son cœur amoureux.

JUPITER.

Avant que de céder au zele qui t'inspire,
Vois ce que tu perds dans les cieux.

Enfants du ciel, charmes de mon empire,
Plaisirs, vous qui faites les dieux,
Triomphés d'un dieu qui soupire.

(*Les* PLAISIRS CÉLESTES, *conduits par* HÉBÉ, *entrent en dansant; ils entourent* POLLUX; JUPITER *se retire.*)

SCÈNE IV.

POLLUX, HÉBÉ, *les* PLAISIRS CÉLESTES, *qui tiennent des guirlandes de fleurs, dont ils veulent enchaîner* POLLUX.

(*Entrée d'*HÉBÉ *& de sa suite, formée par les* PLAISIRS CÉLESTES.)

POLLUX.

Tout l'éclat de l'Olimpe est en vain ranimé :
Le ciel & le bonheur suprême

Sont aux lieux où l'on aime,
Sont aux lieux où l'on est aimé.

LE CHŒUR.

Qu'Hébé, de fleurs toujours nouvelles,
Forme vos chaînes éternelles.

(Hébé *danse & ne cesse d'attaquer* Pollux, *qu'elle veut enchanter.*)

Une SUIVANTE d'Hébé.

Voici des dieux
L'asile aimable :
Goûtés des cieux
La paix durable.

Plus de plaisirs
Que de desirs ;
Des chaînes,
Sans peines ;
Et de beaux jours
Comptés toujours
Par les Amours.

Si l'on soûpire,
C'est sans martire :

Est-on charmé ?
L'on plaît de même :
On dit qu'on aime ;
On est aimé.

POLLUX.

Ah ! sans le trouble où je me voi,
Charmants Plaisirs, je vous serois fidele ;
Mais, dans l'excès de ma douleur mortelle,
Plaisirs, que voulés-vous de moi ?

(*Nouvelle attaque d'*HÉBÉ.)

UNE SUIVANTE D'HÉBÉ.

Que nos jeux
Comblent vos vœux :
Suivés Hébé ; que votre jeunesse ;
Sans-cèsse,
Renaîsse,
Pour être à jamais heureux.

La grandeur la plus brillante
N'est point l'attrait qui nous tente :
Venés, voyés, goûtés
Les célestes voluptés.

Nous aimons, Jupiter-même
N'est heureux que quand il aime.
Aimés, cédés, suivés
Les biens qui vous font réservés.

(*La danse recommence ; les* PLAISIRS CÉLESTES
font de nouveaux efforts pour arrêter POLLUX.)

Si je roms vos aimables chaînes,
J'épargne aux dieux ma honte & mes soûpirs.
Je descends aux enfers, pour oublier mes peines ;
Et Castor renaîtra, pour goûter vos plaisirs.

(POLLUX *romt les guirlandes de fleurs dont il est
enchaîné, & se dérobe aux* PLAISIRS
qui le suivent.)

FIN DU TROISIÈME ACTE.

ACTE QUATRIÉME.

Le théatre représente l'entrée des enfers, où l'on descend par des rochers escarpés. Dans le fond est une caverne, qui vomit des flâmes, & dont le passage est deffendu par des monstres, des spectres & des démons.

SCÉNE PREMIÉRE.

PHEBÉ, *seule*.

Esprits, soutiens de mon pouvoir,
Venés, volés, remplissés mon espoir.
Descendés au rivage sombre;
Il faut lui ravir une ombre.

(*Les Esprits & Puissances magiques descendent des rochers à la voix de* PHEBÉ, *qui forme ses enchantements.*)

SCÈNE II.
PHEBÉ, ESPRITS MAGIQUES.

PHEBÉ.

Rassemblés-vous, secondés mon ardeur :
Des monstres des enfers combattés la fureur.

LE CHŒUR.

Des monstres des enfers combattons la fureur.

PHEBÉ.

Redoublés vos charmes ;
Pénétrés ce séjour,
Impénetrable au jour :
Redoublés vos charmes ;
Empruntés les traits de l'Amour
Pour avoir de plus fortes armes.

LE CHŒUR.

Des monstres des enfers, &c.

PHEBÉ.

Mais, que vois-je ?

(*Elle apperçoit* MERCURE, *qui descend :*
POLLUX *paroît en même-tems.*)

SCÈNE III.
MERCURE, PHEBÉ, POLLUX,
ESPRITS MAGIQUES.

MERCURE.

PHebé, tu fais de vains efforts ;
De tes enchantements vois l'inutile usage :
Le fils de Jupiter aura seul l'avantage
   De pénétrer aux sombres bords.

PHEBÉ.
Ah ! prince, où courés-vous ?

POLLUX.
                  Je vole à la victoire
Qui doit couronner mes travaux.
Le chemin des enfers, sous les pas d'un héros,
   Devient le chemin de la gloire.

PHEBÉ.
  Laissés-moi devancer vos pas ;
  Laissés-moi braver tout obstacle.
  A l'Amour est dû le miracle
    De triompher du trépas.

42   CASTOR ET POLLUX,
POLLUX.

Allons, Mercure, où tu me guides.
L'ardeur que j'éprouve en ce jour
Prête à mon amitié des ailes, plus rapides
Que ne sont celles de l'Amour.

(*Il veut entrer dans la caverne; les monstres & les démons sortent des enfers, pour deffendre le passage.*)

SCÈNE IV.

Les ACTEURS *de la scène précédente,* DÉMONS
MERCURE, POLLUX & PHÉBÉ.

Tombés, rentrés dans l'esclavage :
Arrêtés, Démons furieux.

POLLUX. Livrés-moi
PHÉBÉ.
MERCURE. } Livrés-lui } cet affreux pâssage ;
POLLUX. Et redoutés
PHÉBÉ.
MERCURE. } Et respectés } le fils du plus puissant des dieux.

CHŒUR des DÉMONS.

Sortons d'esclavage ;
Fermons-lui cet affreux pâssage.

(*Danse des démons, qui veulent effrayer* POLLUX.)

CHŒUR des DÉMONS.

Brisons tous nos fers :
Ébranlons la terre,

Embrâsons les airs ;
Qu'au feu du tonnerre
Le feu des enfers
Déclare la guerre :
Brisons tous nos fers.

Jupiter, lui-même,
Doit être soumis
Au pouvoir suprême
Des enfers unis.
Ce dieu téméraire
Veut-il, pour son fils,
Détrôner son frere ?

Brisons tous nos fers, &c.

(*Les démons continuent leur danse, & redoublent leurs efforts pour écarter* POLLUX. *Les Furies sortent des enfers, armées de flambeaux & de serpents. Cette action est suivie d'une reprise du chœur précédent, pendant laquelle* POLLUX *combat les démons :* MERCURE *les frappe de son caducée, & passe, avec* POLLUX, *dans la caverne.* PHÉBÉ, *qui ne peut les suivre, se livre au désespoir, se donne un coup de poignard & se précipite dans l'abîme.*)

SCÈNE V.

Le théâtre change & représente les Champs Élisées: On voit le fleuve Léthé, qui serpente dans ce séjour délicieux. Des OMBRES heureuses paroissent errer dans l'éloignement, & viennent à la rencontre de CASTOR.

CASTOR, OMBRES HEUREUSES.

CASTOR.

Séjour de l'eternelle paix.
Ne calmerés-vous point mon âme impatiente ?
L'Amour jusqu'en ces lieux, me poursuit de ses traits :
Castor n'y voit que son amante,
Et vous perdés tous vos attraits.

Séjour de l'eternelle paix,
Ne calmerés-vous point mon âme impatiente ?

Que ce murmure est doux ! que cet ombrage est frais !
De ces accords touchants la volupté m'enchante :

CASTOR ET POLLUX,

Tout rit, tout prévient mon attente,
Et je forme encor des regrèts.

Séjour de l'eternelle paix,
Ne calmerés-vous point mon âme impatïente ?

(Les OMBRES HEUREUSES danſent.)

CHŒUR des OMBRES HEUREUSES.

Qu'il ſoit heureux, comme nous.
Des biens que nous goûtons ſur cet heureux rivage
Nos cœurs ne ſont point jaloux :
Il les voit, qu'il les partage.
Qu'il ſoit heureux, comme nous.

(Diffreents quadrilles d'OMBRES HEUREUSES
s'approchent de CASTOR.)

UNE OMBRE.

Pour toûjours
Ce rivage
Eſt ſans nuit & ſans orage :
Pour toûjours
Cette aurore
Fait éclore
Nos beaux jours.
C'eſt le port
De la vie ;

C'eſt le ſort
Qu'on envie.
Le monde & ſes faux attraits.
Sont-ils faits
Pour nos regrets ?
Non, jamais,
Lieux propices,
Vous n'offrés que des délices :
Non, jamais
Cet empire
Ne reſpire
Que la paix.

(*Des danſes légeres expriment, par des jeux differents, le caractere des* OMBRES.)

UNE OMBRE.

Sur les ombres fugitives
L'Amour lance encor des feux ;
Mais il ne fait ſur ces rives
Qu'un peuple d'amants heureux.

(*On danſe, & les* OMBRES *ſuivent toûjours* CASTOR.)

CASTOR ET POLLUX;

Une OMBRE, alternativement avec le CHŒUR.

Dans ces doux afiles
Vos vœux feront couronnés,
Venés :
Aux plaifirs tranquilles
Ces lieux charmants font deftinés.

Ce fleuve enchanté,
L'heureux Léthé,
Coûle ici parmi les fleurs :
On n'y voit ni douleurs,
Ni foucis, ni langueurs,
Ni pleurs :
L'oubli n'emporte avec lui
Que les foins & l'ennui :
Ce dieu nous laiffe
Sans - cèffe
Le foûvenir
Du plaifir.

(*Les* OMBRES *reprennent leurs danfes, qui font, tout - à - coup, interrompues.*)

CHŒUR

CHŒUR, *derrière le théâtre.*

Fuyés, fuyés, ombres légeres !
Nos jeux sont prophanés par des yeux téméraires.

(POLLUX *paroît, & les* OMBRES *étonnées
fuient devant lui.*)

SCÈNE VI.
POLLUX, CASTOR, LES OMBRES,
MERCURE, *dans l'éloignement.*

POLLUX.

RAssûrés-vous, habitants fortunés.
Loin de troubler ce favorable asile,
J'y viens goûter la paix que vous donnés.

C'est ici des héros la demeure tranquille.
Chere ombre, paroissés !..

CASTOR, *appercevant* POLLUX.

O mon frere ! est-ce vous ?
O moments de tendresse !

CASTOR ET POLLUX,

ENSEMBLE.

O moments les plus doux !
O mon frere ! eſt-ce vous ?

POLLUX.

C'eſt moi qui viens briſer la chaîne qui te lie :
C'eſt moi qui t'ai vengé d'un rival odieux.

CASTOR.

Je verrois la clarté des cieux ?

POLLUX.

C'eſt peu de te rendre à la vie,
Le fort t'éleve au rang des dieux.

CASTOR.

Qu'entends-je ! quel bonheur ! je quitterois ces lieux ?
Et le ciel près de toi me permettroit de vivre ?

POLLUX.

Non, tu jouïras ſeul d'un partage ſi doux ;
Et le deſtin jaloux
Va m'impoſer les fers, dont ma main te délivre.

CASTOR.

Par ton ſuplice, o ciel ! j'acheterois le jour ?

TRAGÉDIE.
POLLUX.
Tout l'univers demande ton retour :
Règne sur un peuple fidele.
CASTOR.
Le fils de Jupiter doit lui donner la loi.
POLLUX.
Vois dans les cieux la gloire qui t'appelle.
CASTOR.
J'immole au seul plaisir qui m'approche de toi
Toute la grandeur immortelle.
POLLUX.
Télaïre t'attend.
CASTOR.
Cruël, épargne-moi :
Elle-même, à ce prix, verroit avec effroi
Renouër de mes jours la trame criminelle.
POLLUX.
Castor, nous la perdrons tous deux.
Si tu tardes encor, tu lui coûtes la vie ;
Hâte-toi, va ; le ciel t'ordonne d'être heureux,
Et c'est ton rival qui t'en prie.

(*Il embrasse son frere.*)
CASTOR.
Oui ; je cede enfin à tes vœux :

J'irai sauver les jours d'une amante fidele,
  Je renaîtrai pour elle.

Mais, puisqu'enfin je touche au rang des immortels,
Je jure, par le Stix, qu'une seconde aurore
Ne me trouvera pas au séjour des mortels.
Je ne veux que la voir & l'adorer encore,
Et je te rends le jour, ton trône & tes autels.

POLLUX, à MERCURE.

  Ses jours sont commencés ;
  Volés, Mercure, obéissés.
Rendés un immortel au séjour du tonnerre,
  Un héros à la terre :
  Volés, Mercure, obéissés.

CHŒUR DES OMBRES.

Revenés, revenés sur les rivages sombres :
  Habités tous deux parmi nous,
  Et nous rendrons les dieux jaloux
  De la félicité des ombres.

(MERCURE enleve CASTOR dans un nuage : POLLUX lui tend les bras, & se retire avec les OMBRES fortunées.)

FIN DU QUATRIEME ACTE.

ACTE CINQUIÉME.

Le théâtre représente une vue agréable des environs de la ville de Sparte, précédée d'un arc de triomphe, orné de festons & de guirlandes pour le retour de CASTOR.

SCÈNE PREMIÈRE.
CASTOR, TÉLAÏRE.

TÉLAÏRE.

LE ciel est donc touché des plus tendres amours?
Au jour, que je quittois, votre voix me rappele :
   Vous vivrés, pour m'être fidele,
    Et vous vivrés toûjours.

CASTOR ET POLLUX,

CASTOR.

Hélas !

TÉLAÏRE.

Mais pourquoi ces allarmes ?
Vous m'aimés, je vous vois...

CASTOR.

Télaïre, vivés.

TÉLAÏRE.

Qu'entends-je ! quels discours ?

CASTOR.

Télaïre...

TÉLAÏRE.

Achevés.
Le plus beau de nos jours est-il fait pour des larmes ?

CASTOR.

A d'eternels adieux il faut nous préparer ?

TÉLAÏRE.

Que dites-vous ? o ciel !

TRAGÉDIE.

CASTOR.
      Il faut nous séparer :
Je retourne aux rivages sombres.

TÉLAÏRE.
Castor ! & vous m'abandonnés ?

CASTOR.
Mon frere & mes serments m'attendent chés les ombres.

TÉLAÏRE.
A vous pleurer encor mes yeux sont condamnés !
A peine je vous vois ! à peine je respire,
  Castor ! & vous m'abandonnés ?

CASTOR.
L'instant fatal approche, il me prèsse, il expire...
  Que cet instant a d'horreurs & d'appas !

TÉLAÏRE.
  Hélas ! te puis-je croire,
Quand, parjure à l'amour, ingrat, tu ne fais gloire
  Que d'être fidele au trépas ?

  (*On entend des chants de réjouissance.*)
Mais j'entends des cris d'allegresse.

SCÈNE II.

CASTOR, TÉLAÏRE, *troupe de* SPARTIATES, *qui viennent au-devant de* CASTOR.

CHŒUR.

Vivés, heureux époux.

TÉLAÏRE.

Au-devant de tes pas tout ce peuple s'empreſſe :
Veux-tu troubler ſes jeux ? ils étoient faits pour
nous.

CASTOR, *au peuple*.

Hélas ! vous ignorés que votre attente eſt vaine.

TÉLAÏRE & le CHŒUR.

Pourquoi vous dérober à des tranſports ſi doux ?

CASTOR.

Peuples, éloignés-vous.
Vos deſirs augmentent ma peine.
    (*Le Peuple ſort.*)

SCÈNE III.
CASTOR, TÉLAIRE.
TÉLAIRE.
EH quoi ! tous ces objèts ne peuvent t'attendrir ?
CASTOR.
Voulés-vous qu'aux enfers j'abandonne mon frere ?
TÉLAIRE.
Les dieux nous le rendront : Jupiter est son pere.
CASTOR.
Vivés, & laissés-moi mourir.
TÉLAIRE.
Tu meurs !.. pour qui veux-tu que je respire encore ?
CASTOR.
Regnés ; mon frere est immortel,
Mon frere vous adore.
TÉLAIRE.
Non, je n'attendrai pas un destin si cruël :

J'en attefte les dieux & la mort, que j'implore.

CASTOR.

Arrêtés, redoutés le charme de vos pleurs.
Si j'ôfois balancer, il eft des dieux vengeurs :
Sur moi, fur vous, peut-être, ils puniroient ma flâme.

TÉLAÏRE.

De quelle horreur encor viens-tu frapper mon âme ?

CASTOR.

J'armerois Jupiter ; fon fils a mes ferments.

TÉLAÏRE.

Ils ont aimé, ces dieux ; ils plaindront des amants.

(*On entend plufieurs coups de tonnerre.*)

Qu'ai-je entendu ! quel bruit ! quels éclats de tonnerre !
Hélas ! c'eft moi qui t'ai perdu.

CASTOR.

J'entends frémir les airs ! je fens trembler la terre !
C'en eft fait ! j'ai trop attendu.

ENSEMBLE.

Arrête, dieu vengeur, arrête !

(*Le bruit redouble.*)

CASTOR.

L'enfer est ouvert sous mes pas !
La foudre gronde sur ma tête !

(*TÉLAÏRE tombe évanouïe de frayeur.*)

Ciel ! ô ciel ! Télaïre expire dans mes bras !
Arrête, dieu vengeur, arrête !

(*Une simphonie mélodieuse succede au bruit du tonnerre.*)

Mais le bruit cesse... Ouvrés les yeux :
A nos tourmens la nature est sensible,
Et ces concerts harmonieux
Annoncent un dieu plus paisible.

(*JUPITER descend du ciel sur son aigle.*)

SCÈNE IV.
JUPITER, CASTOR, TÉLAIRE.

JUPITER.

Les Destins sont contents : ton sort est arrêté ;
Je te rends à jamais le serment qui t'engage :
    Tu ne verras plus le rivage
    Que ton frere a déjà quitté.
Il vit, & Jupiter vous permet le partage
    De l'immortalité.

(Pollux paroît.)

SCÊNE V.

JUPITER, TÉLAÏRE, CASTOR, POLLUX

CASTOR.

Mon frere ! o ciel !

POLLUX.

Dieux ! je retrouve ensemble
Tous les objèts de mon amour !

CASTOR.

J'allois te délivrer du ténebreux séjour,
Quand le ciel enfin nous rassemble.

CASTOR & TÉLAÏRE.

Dieux, qui formés pour nous un sort si plein d'appas.
O dieux ! ne nous séparés pas.

JUPITER.

Séjour de ma grandeur, où je dicte mes loix,
Vaste empire des cieux, ouvrés-vous à ma voix.

SCÈNE DERNIÈRE.

(Les cieux s'ouvrent & font voir, au milieu des airs, le palais de Jupiter, d'une architecture éclatante & légere, porté sur des nuages. Il communique des deux côtés, par des colonnades, aux pavillons des principales divinités célestes, désignés par leurs divers attributs. Dans le lointain paroît une partie du Zodiaque, où se voit la place destinée à la constellation des Jumeaux. Le globe du Soleil est au milieu, parcourant sa carriere. Toutes les divinités du ciel se rassemblent, ainsi que les génies qui président aux planettes & aux constellations.)

JUPITER, POLLUX, CASTOR, TÉLAÏRE, les GÉNIES célestes, les HEURES, &c.

JUPITER, à CASTOR & POLLUX.

Tant de vertus doivent prétendre
Au partage de nos autels.
Offrons à l'univers des signes immortels
D'une amitié si pure & d'un amour si tendre.

TRAGÉDIE.

Venés, jeune Immortelle, embellissés les cieux;
   Le Sort accomplit ses promesses.
   C'est la valeur qui fait les dieux,
   Et la beauté fait les déesses.

TOUS LES CHŒURS.

   Que les cieux, que la terre & l'onde
   Brillent de mille feux divers;
   C'est l'ordre du maître du monde,
   C'est la fête de l'univers.

(Ballet figuré des HEURES & des PLANETTES.)

CASTOR.

   Qu'il est doux de porter tes chaînes,
Tendre Amour! tes plaisirs font oublier tes peines.
J'ai fait briller tes feux dans cent climats divers,
   Pour montrer à tout l'univers
   Qu'il est doux de porter tes chaînes.

   Tout m'a dit dans les enfers
   Qu'il est doux de porter tes chaînes:
   Et, quand les cieux me sont ouverts,
   J'entends retentir dans les airs
   Qu'il est doux de porter tes chaînes.

(*Les Chœurs se mêlent à la voix de* Castor, *&
répetent ce dernier vers ; la fête continue.*)

LE CHŒUR.

Que les cieux, que la terre & l'onde
Brillent de mille feux divers ;
C'est l'ordre du maître du monde,
C'est la fête de l'univers.

(*Un divertissement général termine l'opera.*)

F I N.

APPROBATION.

J'ai lu, par ordre de Monseigneur le Chancelier, l'Opera de CASTOR & POLLUX, dont on peut permettre l'impression. A Paris le 14 Janvier 1772.

DUCLOS.

www.ingramcontent.com/pod-product-compliance
Lightning Source LLC
LaVergne TN
LVHW022125080426
835511LV00007B/1035